Françoise-Marguerite de Silly, fille d'Antoine de Silly, cte de la Rochepot, et de Marguerite de Lannoy, souveraine de Commercy, épouse de Philippe-Emmanuel de Gondi, cte de Joigny, général des galères, morte en 1626, âgée de 42 ans.

La Mise de Maignelay est Claude-Marguerite de Gondi, soeur de Philippe-Emmanuel de Gondi, cte de Joigny, général des galères, qui épousa, le 7 janv. 1588, Florimond d'Halluin, mis de Maignelay.

Voir Corbinelli, Histoire généalogique de la maison de Gondi. 4° Lm³ 57

Lm²⁷ 24958

LETTRE DE CONSOLATION.

A MADAME LA MARQVISE de Magnelay, sur le decez de feu Madame la Generale des Galeres sa belle sœur.

ADAME,

Le sujet qui me fait écrire est si auguste, que je m'accuserois de temerité, si la pieté ne justifioit mon entreprise. Mais le sentiment d'une perte publique est trop sainct, & les plaintes aussi bien que les larmes qui en naissent sont trop innocentes, pour meriter d'estre condamnées. Tout le monde a droit

A

de pleurer ce que tout le monde a possedé : & comme il n'y a si pauure en
la terre de qui les vœux n'ayēt acces
au Ciel, de mesme les plus rares &
eminentes vertus souffrent les loüanges & l'admiration des plus simples.
Autrement si nous ne rendions nos
honneurs qu'aux choses dont ils peuuent égaler les merites, le respect nous
feroit tomber dans l'irreligion, &
bien-tost on verroit cesser le com-
merce que nous auons auec Dieu
qui asseurément ne peut estre iamais
honoré comme il faut. Qui ne sçai
que celle que nous venons de perdre
estoit du nombre des choses excellentes, n'a point d'yeux pour voir aujourd'huy la triste cōtenance de tous
les gens de bien qui la pleurent. Leur
estonnement & leur silence public

grandeur de leur affliction; & comme l'on void le courage manquer soudainement à toute vne armée pour la seule perte de son chef; Il semble que tous ceux qui combatoient pour le regne de la vertu, se regardēt d'ore-enauant comme desesperez de leurs bons desseins, ayant perdu la conduite & l'exemple de celle qui les animoit. Ceux qui prenent moins de part en ceste affliction la recognoissent & s'en attristent comme d'vne calamité publique. Chacun en parle ny plus ny moins que d'vn traict du courroux de Dieu, qui pour punir nos ingratitudes, retire de nous ses benedictions. Quel malheur disent les vns, qu'vne personne capable de sanctifier tout vn siecle, disparoisse ainsi qu'vn esclair, auant que l'on

A ij

puisse dire qu'elle a vescu? Il paroist bien, disent les autres, que Dieu est merueilleusement offencé cõtre nous, puis que si promptement il oste du monde, ceux qui pouuoient comme des Moyses s'opposer à son indignation. Enfin chacun en parle selon la portée de son iugement & l'instinct de sa pieté. Mais tous conuienent en ce poinct, que la personne que nous regretons, estoit le bonheur de nostre aage, le parangon de toute vertu. Apres l'auoir reconuë telle, qui la plaindroit luy feroit iniure. Aussi qui pourroit conter entre les morts, ceux de qui l'esprit regnãt au Ciel, la memoire vit immortelle parmy les hommes? Non, ce n'est point elle que nous pleurons, car elle iouit paisiblement des delices qu'elle souhaitoit auec tant d'ardeur. Mais le monde qui s'estimoit heureux de la posseder, s'afflige tres-iustement de sa retraite, & se repute tres-malheureux de ne la plus voir. Que si le Ciel souffroit aussi bien violence pour se laisser arracher ceux qu'il nous rauit, comme il se laisse conquerir par force, iamais il ne fut si violemment attaqué comil le seroit en ceste occasion. Car quel sexe, quel aage, quelle condition ne l'importuneroit aujourd'huy de ses larmes, de ses prieres, de ses vœux. Tous ceux qui ont quelque part en la pieté luy demanderoient celle dont les actions en estoient l'exemple. Les pauures voudroient r'auoir ceste personne qui s'employoit pour eux comme pour ses freres. Les orphelins, qui ne sont tels que depuis sa mort luy redemanderoient instammēt leur mere. Les malades, les prisonniers, tous ceux qui sont affligez, de corps ou d'esprit, diroient qu'ils aiment mieux mourir que viure sans elle. Et ceux mesmes qui comme indignes de rester sur terre, languissent esclaues & banis sur mer, diroient que leur seruitude ne leur donna iamais de sentimēt egal à celuy qu'ils ont de leur perte. Qui croiroit ce miracle s'il n'estoit public? Les galeres estoient de vrais temples, les chaisnes estoient des delices, les forçats deuenoient des saincts.

Tel est le pouuoir de la charité, qu'elle transforme en vn Paradis ce qui ressemble le plus aux Enfers. Combien d'autres actiōs non moins excellentes que secretes a t'elle cachées à la veuë du monde, que Dieu recompense maintenant au Ciel, que les Anges admiroient deflors ? Ce seroit à vous, Madame, qui les sçauez, de les diuulguer pour le bien public, comme elle les cachoit par humilité. Mais quoy! il semble que vous conspirez auec elle, non seulemēt par imitation, mais encores par quelque serment particulier, de l'aider mesme apres le trespas, à fuir la gloire & les loüanges. Ainsi donc le monde restera priué de tant d'exemples de perfection; & comme vous estes seule capable de les imiter, la conoissance n'en sera qu'en vous. Ne faites nulle difficulté de les deceler, ny vostre auantage, ni son merite n'en sera pas moindre: ny son secret ne sera point pour cela violé; car il consiste en quelque chose bien plus rare, qu'elle ne découurit iamais à personne. C'estoit sa parfaite & ardente charité, qu'elle mesme possedoit sans la conoitre, parce que Dieu qui ménageoit son humilité, l'auoit mise en elle sans la luy monstrer. Et comme la chaleur naturelle qui nous entretient, fait en nous à nostre desceu des changemens que nous admirons, de mesme ce feu secret qui regnoit en elle, agissoit continuellement sans estre apperceu, & consumant tout ce dõt elle le nourrissoit, transformoit en la douceur dequoy son ame estoit detrempée, les choses les plus estranges & les plus ameres. Sa perpetuelle tranquilité qui ne s'alteroit pour quoy que ce fut, monstroit bien que l'ame qui en iouïssoit, auoit quelque puissante qualité qui changeoit toute chose en bien. Vous le sçauez, Madame, il vous en souuient, les pertes du monde les plus sensibles luy estoiët tellement indiferentes, que bien loing de s'en tourmenter, elle y trouuoit sa consolation. Si n'estoit-ce pas faute d'affectionner les choses qui le meritoient. Car soit que l'on considere les iustes soins qu'vne honneste femme doit à sa maison, soit l'amour qu'elle est obligée de porter ou à ses enfans ou à son mary, l'on n'en trouuera point qui ait obserué plus exactement tous ces saincts deuoirs. Mais son esprit preuenu d'vne autre affectiõ, aimoit tellement toutes choses en Dieu, que pour luy obeir sans nulle reserue, elle estoit capable de tout mespriser. Il ne se faut donc plus estonner, si prenant au monde si peu d'interest,

& si tous ses desirs se portãs au Ciel, elle n'a pas faict long seiour en terre. Mais comme tandis qu'elle viuoit parmy nous, elle estoit bien moins icy que la haut, maintenant qu'elle nous a quitté, nous l'aurons presente tant qu'il nous plaira. Elle l'est desia par ses prieres, elle l'est par sa charité, par la compassion de nostre foiblesse: Il depend de nous qu'elle le soit par le respect deu à sa memoire, par le recit de ses vertus, & par l'imitation de sa vie. On a coustume de consoler ceux qui perdent quelqu'vn de leurs proches. Et moy, Madame, tout au contraire, Ie ne vous puis entretenir de son decez qu'auec des termes de coniouïssance. Car quand ie me remets en pensee que ce que nous admirons de bien

loin, vous l'auez si familierement
possedé, que ceste belle ame qui s'estoit
destachée de la terre pour se ioindre
au Ciel, ne s'estoit nullement separée
de la vostre, par ce que vos desirs
estoient tous semblables.

Quand ie me represente puis apres
que ces grandes & merueilleuses
actions dont le souuenir nous estonne, vous sont passees en habitudes :
Ie trouue si glorieuses & si solides les
ioyes que ceste perte vous produit,
que ie croirois & vous desplaire &
vous offenser, si ie vous parlois de
consolation. Il me sera bien plus
seant & plus doux de vous dire,
qu'apres vous estre resiouïe de la felicité de ceste belle ame, qui vous est
pour en bien parler, vn preiugé de
vostre bon-heur, vous estes obligée

de penser à ce que l'on atend de vostre bonté. Tout le monde, Madame, mais principallement toutes les personnes vertueuses, esperent de grands secours & de grandes faueurs de vostre parente. Car que ne peut obtenir de Dieu à son arriuée au Ciel, vne ame nouuellement establie en gloire? Mais on sçait que les Saincts veulent estre priez, & que plus ils le sont dignement, plus volontiers ils donnent leurs soins: Tous les gens de bien, Madame, vous remettent auiourd'huy leurs desirs, & croyent que presentez de vostre main, ils ne peuuent estre que tresbien receus. Faites part à plusieurs du credit qui vous est particulier; le soin que vous aurez de soliciter pour autruy, ne diminura rien

de vos esperances : Au contraire
vous sçauez, tresbien, que plus vos
prieres sont generales, plus elles vous
seront vtiles, & que rien n'agrée tant
aux Saincts que la parfaite charité,
qui a cela d'excellent & de diuin, de
multiplier tousiours ses bienfaits.

MADAME,

Vostre tres humble & tres-
obeissant seruiteur,
A. DVBOIS.

Généraux des Galères.

	Philippe Emanuel de Gondy, Comte de Joigny.
1635.	Pierre de Gondy, duc de Retz.
1635-1646.	François de Wignerot, Marquis de Pont de Courlay.
1641-1643.	Armand de Wignerot du Plessis, duc de Richelieu.
1661-1669.	François de Blanchefort Crequy, marquis de Marines.
1669-1688.	Louis Victor de Rochechouart, duc de Mortemar et de Vivonne.
1679-	Louis de Rochechouart, duc de Mortemar.

(Frère ou Beaufrère de la marquise de Magnelay.)

www.ingramcontent.com/pod-product-compliance
Lightning Source LLC
Chambersburg PA
CBHW060859050426
42453CB00011B/2026